Donatello Villano

SACRA ELOQUENTIA

Poemata / Latin Poetry

Foreword by Aldo Maria Valli

gondolin press

SACRA ELOQUENTIA – *Donatello Villano*

© **Fede & Cultura** (*Italian edition*) 2019
© gondolin press (*english edition*) 2020

ISBN: 978-1-945658-17-4

© Gondolin Institute LLC
1331 Red Cedar Cir
80524 Fort Collins CO

www.gondolinpress.com
info@gondolinpress.com

Printed in USA
First edition: March 2020

Sacra eloquentia

Foreword

by Aldo Maria Valli

This collection of poems, written in Latin, is meant to light a small flame while the storm rages that obscures the beauty of a language that is anything but dead. A feeble light that nourishes the hope for a return of sacred eloquence to the sheepfold of Peter, by now foreign and unknown to most.

A return we should all hope to see for that mother tongue thanks to which it was possible to build the great Roman civilization, which together with Greek civilization laid the foundations upon which, first in late antiquity, and later in the Middle Ages, Christian civilization was erected. A language that has guaranteed the immutability of doctrine, the unequivocalness of faith, the sacrality of divine worship.

This collection does not aspire to the level of Virgil's literary expression or metric construction, or to Cicero's oratorical skill, or to St. Augustine of Hippo's speculative, theological treatises, but rather is only a crumb fallen from the convivial banquet of which Dante wrote, and to which these masters hastened.

7

Mater militum Christi, ad te venimus,
nostra genua pro solio tuo flectamus,
nostris vocibus laudes tuas cantamus.
Tua clementia imploramus,
lamentis ac ploratibus,
o Virgo benedicta!
Tua victoria cum Filio tuo,
in aeternitate parata,
o Regina caeli et terrae!

In bello et in pace semper parati;
in victoria et in clade semper orantes;
in laetitia et in maestitia semper modesti.

Ex sanguine imperium,
victoria de pulvere,
ex humilitate gloria,
aeternitas de morte.

Omnia vicisti in Christo super terram,
clare milite Christi!

Super omnes daemones fluxisti oratione,
super omnes homines equo tuo volavisti,
super omnia peccata invenisti miserationem.

Omnia vicisti in Christo super terram,
clare milite Christi!

Omnes adversitates fortitudine subiisti,
omnia bella conflixisti animo virili,
omnes inimicos tenacitate eruisti.

Omnia vicisti in Christo super terram,
clare milite Christi!

Omnes angeli conducant te ad Dei solium,
omnes sancti gloriam Dei plaudant,
ea aeterna gloria obvolvat te Trinitas.

Omnia vicisti in Christo super terram,
clare milite Christi!

Silentium cellae vox Dei,
vocatio Dei laetitia animae,
labor corporis laus Dei,
gloria Dei opus mentis.

Homo imago Trinitatis,
splendor Domini universum totum,
omnis creatura fructus Spiritus,
sanctitas Dei beatitudo animae.

Incedo versus mortem, Domine!
Incedo ad patriam tuam, Deus meus!

Adiuva me in hoc bello,
adiuva me in hac pugna,
quia nihil in hoc mundo habeo.

Vitam meam pro aeterna gloria trado;
anima mea salutem tuam sperat.

Nemo homo peccata mea remittit,
nemo creatura omnipotens in certamine;
in Creatore solo omnis magnificentia.

"Judica me, Deus", vociferor;
genibus flexis pietatem tuam imploro.

Mirabilia universi magnitudo Dei,
sidera caeli lux Sapientiae,
planetae pensiles fortitudo Domini.

Piantae, arbores floresque,
divina suavitas;
maria, flumina nivesque,
sanctitas Creatoris;
ignis, aestus lumenque,
summa iustitia.

Humana creatura mirabilissima omnium,
facultates suae imago Trinitatis,
voluntas, similitudo Dei, cum intellectu;
hominis operationes Personarum actiones.

Omnes clamores Dominum laudant,
summam potestatem colentes,
divinam iustitiam timentes,
aeternam misericordiam salutantes.

Patri sanctitatem,
Filio sapientiam,
Spiritui consolationem,
Trinitati caritatem,
perfectam laetitiam
imploramus.

Mariae humilitatem,
Ecclesiae Sacramenta,
Papae magisterium,
Pastoribus exempla,
dulcem ductorem
quaesumus.

Cum Deo bellum,
pro Deo mors,
in Deo salus.

Incedite viri praeliantes!
Homines fideles bellate!
Occidite milites frementes!

A Deo victoria,
pax sanguine,
e caelo gloria.

Stat miles semper,
ense justitiae destricto,
expedito clementi corde.

Eloquentia sobria,
valenti intellectu,
actibus probis,
veritatis imago.

Caritatis figura,
animo intrepido,
audaci brachio,
impetu ferventi.

Vir acriter praeliatur,
ferocitate leonis frementis,
meri agni mansuetudine.

Regina nostra venustatis imago,
sicut diadema splendor Domini,
laetitia Angelorum ac Beatorum gloria.

Regina nostra potentiae coronata,
sceptro potente sacrum regnum gubernas,
ducis populum redemptum mansuetudine.

Regina nostra bonitatis repercussus,
sponsa immaculata thesauris caeli obducis,
monstras Filii tui suavitate salutem.

Regina nostra puritatis custos,
virginum exemplum quorum castimoniam ser-
vas,
doces corde puro Dei amorem.

Fulgentes stellae universi
lucis sapientiae ferentes
intellectum de Verbo clarant.

Sana doctrina superna
astra firmitater serbantes
in cordibus armatis inveterascit.

Pervagatur divina gratia
in profundo sitienti animae
nimbus clarus sicut obvolvens.

Virtutis cometa pererina
attracta caritate motu
ad Dei perfectionem excurrit.

Angeli tecum, milite,
cordem tuum servantes
in caritate puri spiritus,
semper tuentur.

Inimici tui depellantur,
fratres tui solantur,
filii tui vallantur,
veritatis ardore.

Exercent aspere bello
spirituales creaturae,
gladii excitantes fulmen,
validos digitos tuos.

Imperium temporale a Deo,
potestate intercedendi Ecclesiae,
coronae sacramentali impositione,
praestanti curam sanctam.

Quandocumque divina virtus absens
figmento veritas obnubilata,
superbia caritas vorsa,
lascivia ratio inclusa.

Vera Christianitas in Deo solo,
cura prudens temporalium gratia,
sancta potestas divina benedictione,
rex sapiens novissimos contuetur.

Pro victoria Dei
tenax, viridis, integer
miles virtute ac gratia
grassatur laudando.

Mors illa sancta
prae superno solio
pavore sine aliquo
iudicatum id accipiet.

Excelsa super capita corona,
mors incorrupti vos mirat,
ad perennia vocamini.

Quam haec ulla gratia
sancta inter sublimior,
in caelo sedes proximior.

Divi margaritae solii eritis
gemmaeque in templo
columnarum Deitatis sublimi.

Animae vestrae angelis
cum Virgine ac beatis
laudibus orantes comitantur.

Salvati amici Dei,
probati summo labore,
extrema pugna certata,
coronam illam meruerunt.

Divo sanguine lavati,
gloriam is tribuens,
intrabunt ad laudandum
candidis vestibus
in angelico choro.

Gloria sit Deo Patri
cum Filio atque Sancto Spiritu,
beatae Trinitati diae,
in sempiterna saecula. Amen.

Redimens cruor tuis
ut Sanguis ille, ad te ipsum
salvandum multosque;
ducentes actiones tui
ut Bonitas illa, cui solio
anima conducitur purgata.

Gradiens ad tropaeum fidenter
ultimum, tribulationibus
inter inimicos multis dantes,
eos divina securitate profligit;
eloquens melius silentium
tuum verbis deferre ineptis,
cum bellat gladio divae
impavide justitiae agit.

E turribus magni clamores
silentium de ruinis disertum
victimae inaniter precantes
aeternam salutem sperant.

Universa pendula terra
animo stans atro ad Deum
supremum auxilium implorans
oculis adit suis flentes.

Quid spes e morte? E clade quid lux?
Fortitudo illa ex insolita figura,
e mirabili cruce metallica virtus
anxia unica salus ex ea janua caeli.

Probati igne viri ii sunt fortes
vita sua vitae aliis cunctatione nemine
nullo pavore nulla ignavia
fidelitatem claraverunt gestuum virtute.

Populus magnus magna exempla
salvati ob eos multi sunt
mors honor eorum nationis
roboris horum fons heroum
gentis amor patriae deditio.

Civitas christiana tantum
modo per iustitiam perfecta
in unitate aequilibrata.

Genera tria hominum gerunt
formae divinae regiae
imagines divae Trinitatis.

Sicut Pater operarius operans
militans miles sicut Filius
sicut Spiritus orans orator.

Orantes anima societatis
lumine rationem collustrantes
caritatis impetu pellunt.

Bellatores inceptus actionis
gladio ignique pugnantes
vel sacrae astra iustitiae iciunt.

Fabri memoriae custodes
e manibus eorum mirabilitates
ex amore ars, ex arte labor.

Lucem tuam attendo
fide fervida,
spe robusta,
caritate vera.

Pacem tuam precor
tenaci oratione,
silenti meditatione,
consultis verbis.

Iustitiam tuam efficio
virtute gliscenti,
numine firma,
gratia superna.

Solium insolitum fons divina,
lignum humile arbor sublimis,
instrumentum mortis gloria aeterna.

Crux amara crux amata,
crux cruenta crux vitalis,
crux desolata crux ferax.

Scala caelestis per mortem,
pons salutis per libamentum,
ostium Regni per modestiam.

Super omnia imperium
scipio ad gentes
in caelo solium.

Clementia adusque mortem
in mactatu amor
vita e morte.

Miseratio cum iustitia
disciplina pro virtute
gloria e lustratio.

Magna Mater cum populo suo,
ex eversione nova instauratio
diligenti maternae custodis manu.

Contra vastatorem major refugium,
contra vaecordia firma turris,
contra inferos invictus bellator.

Procellam augentem vigore repugnat,
humilitas sua veniens discrimen sistit,
sua gratia sidera in tenebris cum virtute.

Nemo bellum sine animo,
nemo victoria sine virtute,
nemo gloria sine spe:
Quia pugnas, o miles?
Iustitiae ob amorem
cum veritatis dilectione
in corde in ac mente.

Gladii potentia saevienti
terribilis incommodum
metu sine quoquam
ferocia feroci datur:
in certamine quies,
in sanguine puritia,
in aerumna remissio,
in morte aeternitas.

Dies coronam revertetur
splendori aevi veteris,
populo plaudenti,
gaudenti caelo,
Trinitate benedicenti.

Sub auctoritate divina
in Ecclesiam presentem
ea subnixa prospere.

Ex ruinis eversionis exsurget
splendior quam primas
maiestate potentiaque
luna obnubilata sicut
mox clarata erit.

Animus adolescens,
manus pugnans,
cor ignescens,
lumina in tenebra.

Excelsa per angustiam
perpeti oratione
cum divina tenace
iucunditate ac firmitate.

Dimicare devotione
purificata voluntate,
belli fulmen gradiens
amoris sinceri perit.

Celsa cruce assurgimus,
firmo iussu manemus,
dia gratia spatiamur.

Ubi nobiscum animus
gladio nos praeliamur
ubicumque sumus.

A laeta gente amamur,
pro invicta fide gerimus,
ad quietem grassamur.

Luna cruoris crepitu
e nationum noctis
silentioque oboriens,
auspicium magna
cineribus clarum
instauratio adveniens.

A sanguine ac postremo
concitationis labore
nova redintegratio
cum divina ope lustrans
altaris prae solii et reditu
tamquam potestatis
plenitudinis potentia.

Ubi obscuritates cadunt
ibi miles candidus,
ubi formido incedit
ibi bellator audax,
ubi desperatio subvenit
ibi pugnator pervicax.

Nuptialis nexus
caritate sublimi
concilians insitio
Familia veluti.

Regale vinculum
concordia divina
diutina pax
ut Ecclesia.

Iuge coniugium
numine probo
ex clara mente
sicut Trinitas.

O caelorum Rex!
O Domine terrae!
O universi Rector!
Oratione humilitas,
studio cognitio,
impetu tenax,
exercitatione ars.
Fidelitate in corde,
armis in manibus,
lorica in pectore,
virtus in bello.
O Ductor militum!
O oratorum Magister!
O Medens aegrorum!

Inimici in tripudio magno
ruinae suppliciorum aeternae
beatorum justitia Domini ac
angelorum genialium vocantur.
Militis virtus forti cum fide
super omnia in terra speque
in eius corde ad caelos conicit.
Animosus insuperabilis in gratia,
macula sine vere in discrimine,
cum Deo verecundia enitet,
effert timor pax constat atque.

Gladio virtutis,
casside salutis,
clipeo fides
ferimus.
Veritatis cingulum,
iustitiae pectorale,
navitatis calceamentum
induimus.
Armaturae Dei
Satanam adversum
satellites eiusque
integimur.

Orare quisquis potest
animo verum virili
miles capacior.
Sal actionis prex,
meditatio cum
interna ad celsa
tendit.

Silentium auri
ut clarans lumen
sine strepitu.
Id orationem
ad superna
rogat.
Cum meditatione
avocationis vincula
animae elidit.
Sine Spiritu
nulla astra
solaciumque.